글 | 김빈애
중앙대학교에서 문예창작을 공부하고, 오랫동안 아이들에게 국어와 논술을 가르쳤습니다.
지금은 두 아들과 더불어 나날이 웃고 화내고 토라지고 뒹굴며 살고 있습니다.
쓴 책으로는 〈생일 축하해〉, 〈아가야, 내 말 들려?〉, 〈아기 사자 잠보〉 등이 있습니다.

그림 | 문지현
어린이 책, 잡지, 광고 등 다양한 매체에 그림을 그리고 있습니다.
그린 책으로는 〈히틀러에 반대한 아이들〉,
〈뮤지컬 배우 20인에게 묻다〉, 〈충분한 부모〉 등이 있습니다.

누리 세계문화 14 네덜란드 여왕님의 생일 선물
글 김빈애 | 그림 문지현 | 펴낸이 김의진 | 기획편집총괄 박서영 | 편집 정재은 이영민 김한상 | 글 다듬기 박미향 | 디자인 수박나무
제작·영업 도서출판 누리 | 펴낸곳 Yisubook | 주소 경기도 고양시 일산동구 일산로67, 3층 | 고객상담실 080-890-7000
잘못된 책은 바꾸어 드립니다. 이 책에 실린 글이나 그림을 무단으로 복사, 복제, 배포하는 것을 금합니다.
△1. 사람을 향해 던지거나 떨어뜨리지 마십시오. 2. 고온 다습한 장소나 직사광선이 닿는 장소에는 보관하지 마십시오.

여왕님의 생일 선물

글 김빈애 그림 문지현

오늘은 여왕님의 생일을 축하하는 날.
아이들이 너도나도 벼룩시장에 나서는 날이지요.
엠마는 커다란 꾸러미를 자전거에 싣고 집을 나섰어요.
"오늘 번 돈으로 여왕님 생일 선물을 사야지.
일찍 가야 좋은 자리를 잡을 수 있는데."

*암스테르담은 온통 오렌지색으로 넘쳐 나요.
네덜란드 왕가의 색이 오렌지색이거든요.
엠마는 마헤레 다리 앞에서 멈춰 섰어요.
"이야, 다리가 열린다!"
다리가 열리는 모습은 볼 때마다 새로워요.
버스와 택시 역할을 하는 배가 지나가자 다리가 닫혀요.

"어이쿠! 이를 어째. 구두 굽이 부러졌네."
고운 옷을 입은 할머니가 넘어졌어요.
"이거라도 신으시겠어요?"
엠마는 꾸러미를 펼쳐 나막신을 꺼냈어요.
"어머나, 고마워라! 나한테 파는 게 어떻겠니?"
"그냥 신고 가세요.
우리 할아버지가 도움은 파는 것이 아니랬어요."

할머니는 나막신을 신었어요.
"덕분에 걷기가 편하구나.
나막신은 바다보다 낮은 땅이 많은 네덜란드에 딱 맞는 신발이지."
"저도 알아요. 옛날에 바닷물이 넘어오면 가죽신은 젖어 버리지만
나막신을 신으면 발이 젖지 않아 보송보송했대요."

할머니와 엠마는 바닷물을 막기 위해 쌓은 둑을 따라 천천히 걸었어요.
"그런데 넌 어디 가는 길이니?"
"벼룩시장에요. 이것들을 팔려고요."

어느덧 벼룩시장이 열리는 광장에 도착했어요.
엠마는 할머니에게 인사를 하고 허둥지둥 꾸러미를 챙겼지요.
"잠깐만! 팔 물건인가 본데, 네가 가진 물건 중에
제일 비싼 것을 내가 사면 어떻겠니?"
엠마는 고민에 빠졌어요.
물건 값을 정하지 않았거든요.
어떤 것이 제일 비싼 물건일까요?

할머니가 튤립 뿌리를 집어 들었어요.
"그건 삼촌이 새로 개발한 튤립이에요.
여러 가지 색이 어우러진 튤립인데 벌써 외국에 많이 팔았대요."

"새 품종이라니 정말 귀한 것이구나.
삼촌 같은 분들 덕분에 네덜란드가 부유해졌지.
꽃을 잘 가꾸면 좁은 땅에서도 큰돈을 벌 수 있으니 말이야."

"이건 어떨까요?
제가 할머니랑 직접 만든 치즈예요.
할머니가 키우는 소에게서 짠 우유로 만들었지요."
엠마는 치즈를 내밀었어요.
"네덜란드 치즈가 아무리 유명하다지만
네 치즈는 정말 특별하구나.

할머니가 사진을 집어 들었어요.
"이건 풍차 사진이구나!
바다 가운데 둑을 쌓아 땅으로 만든 건
다 풍차가 있어서 가능했던 일이야.
풍차가 없었다면 네덜란드 땅은
지금보다 훨씬 작았을 거야."
"이 풍차도 낮은 곳에 고인 물을 끌어 올려 바다로
내보내는 일을 했대요."

"그래, 이 풍차는 지금 어디 있니?"
"사진 속에만 있어요.
전기 펌프가 풍차 일을 대신하게 되면서 없앴대요.
지금도 할아버지는 풍차 2층에 있는 집 안에서
감자 요리를 먹으며 커다란 풍차 날개가
돌아가는 소리를 듣던 얘기를 자주 하세요.
음…, 아무래도 이 사진은 팔 수 없겠어요."

엠마는 울상이 되었어요.
"모두 다 너무나 소중해요!
아무것도 팔 수가 없으니 어쩌죠?
돈을 벌어야 여왕님 생일 선물을 살 텐데."
"꼭 사야만 선물이 되는 건 아니란다.
듣자 하니 여왕은 튤립을 무척 좋아한다던데!"
할머니가 엠마에게 한쪽 눈을 찡긋했어요.

집에 돌아온 엠마에게 할아버지가 말했어요.
"엠마, 여왕님이 생일에 도시를 한 군데씩 방문하는 것 알지?
이번에는 암스테르담이라는구나."
"와, 어서 여왕님을 보러 가요!"
엠마는 튤립 뿌리를 정성껏 포장한 다음
여왕님을 보러 갔어요.
엠마는 까무러치게 놀랐어요.
나막신을 신고 간 할머니가 여왕님이었지 뭐예요!

다음 날 엠마네 집에 나막신과 편지가 도착했어요.

엠마에게

나막신을 빌려 주어서 고맙다, 엠마.
할아버지와 너를 궁전으로 초대해서
이야기를 나누고 싶은데, 어떠니?
참, 튤립 뿌리, 잘 받았다.
어떤 꽃이 필지 무척 기대된단다.

- 네덜란드 여왕으로부터

엠마가 얼마나 기뻤을지, 상상이 되나요?

여기는 네덜란드!

- **정식 명칭** 네덜란드 왕국
- **위치** 유럽 북서부
- **면적** 약 4만 1천km^2
- **수도** 암스테르담
- **인구** 약 1,687만 명
- **언어** 네덜란드 어
- **나라꽃** 튤립

헤이그
수도는 암스테르담이지만 정치의 중심지는 헤이그야. 도시 한가운데에 국회 의사당이 있고, 국제 사법 재판소와 상설 중재 재판소도 헤이그에 있어. 국제회의가 자주 열리는 곳이야.

에이설 호
북부와 중부에 걸쳐 있는 큰 호수야. 32킬로미터나 되는 방조제로 바다를 막아 만든 인공 호수야.

암스테르담
네덜란드의 수도야. 항구 도시로 수많은 운하가 거미줄처럼 얽혀 있어. 중요한 교통의 중심지로, 암스테르담 중앙역은 유럽의 모든 철도와 연결되어 있어.

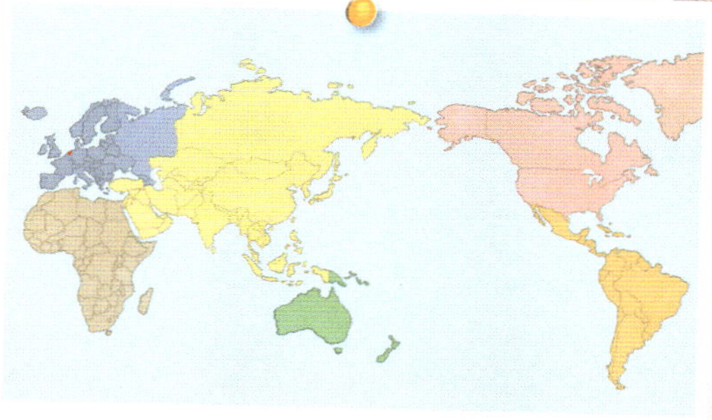

네덜란드는 유럽의 북서부에 있어. 독일, 벨기에와 닿아 있지.

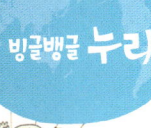

바다보다 낮은 땅

네덜란드는 국토의 대부분이 바다보다 낮아. 그래서 네덜란드 사람들은 둑을 쌓아 바닷물을 막고 물을 퍼내어 마른땅으로 만들기 위해 애썼어. 네덜란드 땅의 3분의 1이 이렇게 만들어졌다니 놀랍지? 낮은 땅에서 살아가기 위해 네덜란드 사람들이 어떤 노력을 했는지 알아볼까?

바닷물을 퍼내는_풍차

예전에는 네덜란드에 수백 개의 풍차가 돌아갔어. 바람의 힘으로 풍차를 돌려 바닷물을 퍼냈거든. 풍차는 곡식을 찧는 역할도 했대. 지금은 증기 기관을 이용해서 바닷물을 퍼내고 있어.

바닷물을 메운 땅에 심은_튤립

네덜란드는 세계에서 꽃을 가장 많이 생산하는 나라야. 그중에서도 유명한 것은 바로 튤립이지. 튤립은 바닷물을 메운 좁은 땅에서 가꿀 수 있고, 비싸게 팔 수 있는 작물이었어. 네덜란드 사람들은 튤립을 가꾸고, 새로운 품종을 끊임없이 개발했어.

네덜란드 튤립 종류는 천 가지가 넘어.

도시를 가로지르는_운하

운하는 사람이 만든 물길이야. 비가 많이 내리면 땅이 금방 잠기기 때문에 물길을 만들어서 물이 빨리 빠져나가도록 했어. 네덜란드의 수도 암스테르담에는 수십 개의 운하가 있어. 운하를 가로지르는 다리들은 배가 지나갈 때면 중간이 벌어지면서 위로 올라가.

이런 게 궁금해요!

바람에 돌아가는 풍차도, 알록달록 예쁜 튤립도, 걸을 때마다 딸그락딸그락 소리가 나는 나막신도 예쁜 동화 속 그림 같은데, 이 모든 게 낮은 땅에서 살아가기 위한 지혜였다니 신기하기만 해. 네덜란드에서 살아가는 사람들의 얘기가 더욱 궁금해.

아이들도 벼룩시장에서 물건을 팔아?

네덜란드는 일찍부터 상업이 발달한 나라야. 네덜란드 사람들은 물건을 사고파는 재주가 뛰어나지. 지금도 세계 여러 나라에서 만들어진 물건들이 네덜란드를 통해 유럽으로 팔려 나간단다. 아이들도 벼룩시장에서 물건을 사고팔면서 장사하는 법과 물건을 아껴 쓰는 법을 배워.

왜 오렌지색이 거리에 넘쳐 나는 걸까?

원래 네덜란드 국기에는 오렌지색이 있었어. 네덜란드 왕가가 오렌지 가문이거든. 네덜란드가 에스파냐의 지배를 받을 때 독립 운동에 앞장섰던 빌럼도 오렌지 가문 출신이지. 국기 색은 바뀌었지만, 여전히 오렌지색은 네덜란드를 대표하는 색이야.

네덜란드는 왜 치즈로 유명할까?

네덜란드는 낙농업이 발달한 나라야. 땅이 질척해서 농사를 짓지 못하니까 대신 소를 키웠지. 치즈는 맛과 향이 뛰어나서 유럽으로 수출하는 대표적인 상품이야. 프랑스의 루이 19세도 네덜란드 치즈를 엄청 좋아했대.

네덜란드에는 여왕이 있어?

네덜란드의 정식 이름은 네덜란드 왕국이야. 처음 왕국을 세웠을 때는 벨기에와 룩셈부르크를 아우르는 나라였어. 이후 벨기에와 룩셈부르크가 독립했고, 지금의 네덜란드가 된 거지. 지금의 여왕은 나라를 다스리지는 않고 나라를 대표하기만 해.

여왕의 생일에는 무얼 할까?

4월 30일은 '여왕의 날'이야. 네덜란드 사람들은 이날 오렌지색 깃발을 국기와 함께 매달고 오렌지색 옷을 입고 거리로 나가 축제를 벌여. 여왕과 왕실의 가족들이 몇몇 도시를 직접 찾아가기도 해.

일러두기
1. 맞춤법, 띄어쓰기는 국립국어원에서 펴낸 〈표준국어대사전〉을 기준으로 삼았습니다.
2. 외국 인명, 지명은 국립국어원의 〈외래어 표기 용례집〉을 따랐습니다.

사진제공
토픽이미지, 유로크레온, 연합뉴스, Gettyimages, Imagekorea, 몽골문화촌

재미있는 누리 세계문화

아시아
- 01 중국 | 황제를 만난 타오
- 02 일본 | 요코의 화과자
- 03 베트남 | 할아버지는 어디 계실까?
- 04 태국 | 무아이타이 고수를 찾아라
- 05 필리핀 | 차코의 소원
- 06 인도네시아 | 엄마와 함께 바롱 댄스를
- 07 몽골 | 게르에서 살까?
- 08 네팔 | 정말 예티일까?
- 09 인도 | 하누만, 소원을 들어주세요
- 10 사우디아라비아 | 지금은 라마단
- 11 터키 | 할아버지의 마법 양탄자

유럽
- 12 영국 | 앨리스와 스펜서 백작
- 13 프랑스 | 소원을 들어주는 빵
- 14 네덜란드 | 여왕님의 생일 선물
- 15 독일 | 우리는 동화 마을 방위대
- 16 스위스 | 납치된 가족은 누구?
- 17 이탈리아 | 가방이 바뀌었어
- 18 그리스 | 주문을 외워 봐
- 19 에스파냐 | 엉뚱 할아버지의 집은 어디?
- 20 스웨덴 | 삐삐와 바이킹 소년
- 21 덴마크 | 레고랜드로 간 삼촌
- 22 러시아 | 나타샤의 꿈
- 23 체코 | 슈퍼맨 마리오네트
- 24 루마니아 | 도둑을 잡으러 간 소린

아메리카
- 25 미국 | 플루토 스팟을 찾아가요
- 26 캐나다 | 퍼레이드가 좋아
- 27 멕시코 | 사라진 태양의 왕국
- 28 쿠바 | 말랭이 영감 다리 나았네
- 29 브라질 | 삼촌의 선물
- 30 페루 | 고마워요, 대장 콘도르
- 31 칠레 | 펭귄을 데려다 주자

아프리카
- 32 이집트 | 파라오의 마음이 궁금해
- 33 나이지리아 | 힘차게 달려라, 나이지리아
- 34 케냐 | 마타타의 신나는 사파리 여행
- 35 남아프리카 공화국 | 루시와 마누는 친구

오세아니아
- 36 오스트레일리아 | 오페라 하우스를 그려 봐
- 37 뉴질랜드 | 하우, 너라면 할 수 있어
- 38 투발루 | 간장 아가씨, 바닷물을 조심해요

주제권
- 39 화폐 | 돈조아 임금님의 퀴즈
- 40 다문화 | 달라도 괜찮아
- 41 옷 | 외계인 빠송 옷 구경 왔네
- 42 신발 | 클로그를 신을까, 바부슈를 신을까?
- 43 음식 | 황금 포크는 내 거야
- 44 스포츠 | 뚱아 덕아 운동 좀 하자
- 45 괴물 | 유치원에 괴물이 나타났어요